Gandhi
Poder, Parceria
e
Resistência

Esta obra conta com o apoio:

Consulado Geral da Índia

Ravindra Varma

Gandhi
Poder, Parceria e Resistência

TRADUÇÃO
Tônia Van Acker

Editora Palas Athena

Título original:
Gandhi: Poder, Parceria e Resistência
Copyright © Associação Palas Athena

Coordenação editorial: *Emilio Moufarrige*
Organização e revisão técnica: *Lia Diskin*
Edição de texto: *Humberto Mariotti*
Revisão de provas: *Adir de Lima*
Humberto Mariotti
Lucia Brandão
Projeto gráfico e *Maria do Carmo de Oliveira*
editoração eletrônica: *Mauricio Zabotto*
Impressão e acabamento: *Gráfica Palas Athena*

Catalogação na fonte do Departamento Nacional do Livro

V316g

Varma, Ravindra
Gandhi: poder, parceria e resistência / Ravindra Varma;
tradução de Tônia Van Acker. – São Paulo : Palas Athena, 2002.
96 págs. : 14 x 21cm.

ISBN 85-7242-038-X

1. Gandhi, Mahatma, 1869-1948 – Visão política e
Social. I. Ravindra, Varma. II. Título.

CDD: 954.035

Todos os direitos desta obra
pertencem à Associação Palas Athena.

EDITORA PALAS ATHENA
Rua Serra de Paracaina, 240 - Cambuci
01522-020 - São Paulo - SP - Brasil
fone: (11) 3209.6288 - fax: (11) 3277.8137
www.palasathena.org
e-mail: editora@palasathena.org

2002

Sumário

Apresentação 9

Prefácio 11

Os Valores e a Paz 17

A Atualidade do Pensamento Gandhiano 37

A Paz no Século 21 73

Ravindra Varma 91

Apresentação

A UNESCO tem o prazer de trazer a público, em parceria com a Associação Palas Athena, a publicação do conjunto de palestras de Ravindra Varma quando de sua passagem pelo Brasil. As idéias de Varma representam importante contribuição para a construção de uma cultura de paz apta a promover a justiça social, a redução das desigualdades e da violência.

Mesmo trabalhando em variados campos de atuação, a missão primordial da UNESCO é a construção da paz: "O propósito da Organização é contribuir para a paz e a segurança, promovendo cooperação entre as nações por meio da educação, da ciência e da cultura, visando favorecer o respeito universal à justiça, ao estado de direito e aos direitos humanos e liberdades fundamentais afirmados aos povos do mundo".

A cultura de paz está intrinsecamente relacionada à prevenção e à resolução não-violenta dos conflitos. É uma cultura baseada em tolerância e solidariedade, uma cultura que respeita todos os direitos individuais, que respeita o pluralismo e a diversidade; que assegura e sustenta a liberdade de opinião. Uma cultura que se empenha em prevenir conflitos resolvendo-os em suas fontes; conflitos que englobam novas ameaças não-militares para a paz e para a segurança como a exclusão, a pobreza extrema e a degradação ambiental.

A cultura de paz estimula e propõe a resolução de problemas por meio do diálogo, da negociação e da mediação, de modo a tornar a guerra, os conflitos e a violência inviáveis. A cultura de paz é uma iniciativa de longo prazo, é um processo sem fim. Não é um processo passivo: a humanidade deve esforçar-se por ela, promovê-la e administrá-la.

Com essa finalidade, a publicação dos textos de Ravindra Varma soma esforços e permite-nos manter aceso o legado de Gandhi, contribuindo para construir a paz com base na não-violência e no respeito ao outro. São sementes de sonho e esperança, de liberdade e utopia, de possibilidades de concretização de um mundo mais justo e humano que espalhamos ao lançar os textos de Ravindra Varma. Esperamos, assim, estimular também o compromisso de todos e cada um com a paz.

Marlova Jovchelovitch Noleto
Coordenadora de Desenvolvimento Social, Projetos
Transdisciplinares e do Programa Cultura de Paz da UNESCO/Brasil

Prefácio

Encontram-se nesta obra as três palestras públicas realizadas por Shri Ravindra Varma, durante sua inspiradora visita ao Brasil em 2001, quando a Associação Palas Athena celebrou a 20ª Semana Gandhi. Durante vinte anos ininterruptos, todas as primeiras semanas do mês de outubro foram cenários de palestras, fóruns, atividades artísticas e ações comunitárias voltadas para a difusão do pensamento gandhiano – referência unânime da Cultura de Paz em gestação.

A presença de Shri Ravindra Varma – atual Presidente da Gandhi Peace Foundation – só foi possível pela dedicação e empenho pessoal do Cônsul Geral da Índia no Brasil, Dr. Deepak Bhojwani, a quem sinceramente agradecemos em nome dos leitores. Agradecemos igualmente o apoio do Ministério das Relações Exteriores do Governo da Índia, da UNESCO e do Museu de Arte Moderna de São Paulo, onde foi realizada a 20ª Semana Gandhi. Dela participaram como palestrantes, além do próprio Shri Ravindra Varma, os Profs. Drs. Drauzio Varela, Dario Birolini, Jorge Wertheim, Guilherme Assis de Almeida e a Sra. Fátima Aparecida Santos de Souza. As homenagens artísticas a Gandhi contaram com a participação especial da cantora indiana Meeta Ravindra e da dançarina Silvana Duarte.

Desnecessário dizer por que a vida e a obra de Gandhi tornaram-se hoje fonte de estudo tanto para políticos, juristas, sociólogos, empresários, quanto para movimentos de transformação social, diálogo inter-religioso, promoção de eqüidade entre os gêneros, instituições transnacionais dedicadas à proteção da infância, do meio ambiente, das minorias étnicas – enfim, à defesa da Vida. Buscamos nesse legado uma orientação capaz de redirecionar nossos valores e prioridades, cujas distorções mais visíveis são a barbárie e a desolação.

A orientação oferecida por Gandhi é eminentemente pedagógica – antes de combater a injustiça é necessário auto-educar-se. Isso significa: 1º) reconhecer que qualquer situação de violação de direitos se sustenta unicamente se há cooperação por parte do oprimido, ou seja, se aceita a opressão como fatalidade ou condição natural da existência; 2º) mudar a atitude interna de passividade, gerando respeito próprio, dignidade e coragem; 3º) determinação para deixar de obedecer e submeter-se, apesar das represálias que isso possa acarretar.

O binômio *satyagraha/ahimsa* – ater-se à verdade e à não-violência – constitui os fundamentos sobre os quais se constrói qualquer mudança social ou pessoal. O que de fato se pretende? Uma relação mais justa e solidária? Então a ação deve ser dirigida à reparação da situação, jamais à eliminação ou destruição do opressor. Essa clareza de propósito é o que deve nortear a estratégia, para permitir o triunfo da justiça e a aliança das partes beligerantes. Não se busca inverter a relação entre opressor e oprimido, tornando este último ganhador e o outro perdedor. A pedagogia gandhiana vai muito mais longe – a resolução pacífica dos conflitos tem de resultar no fortalecimento e dignificação de ambas as partes.

Esse método pode visar a inúmeros objetivos, mas os meios para alcançá-los não podem mudar, o que equivale a dizer que cada movimento em busca de reparação pode expandir nosso entendimento da condição humana e promover um número maior de alianças. É o antídoto mais eficiente contra o círculo vicioso da vingança, que retroalimenta vítima e carrasco, corrompendo e bestializando a ambos.

É bom lembrar que violência é toda ação física, verbal ou mental, seja de um indivíduo, grupo ou instituição, que deliberadamente objetiva atingir uma pessoa, estabelecimento, entidade, símbolo, condição racial, gênero ou tradição, com o intuito de matar, segregar, provocar dano, sofrimento, humilhação, coerção ou intimidação. A violência é corrosiva, contagiante e apontada como um veneno pelas filosofias indianas que nutriram e convergiram na formação de Gandhi.

Somos herdeiros de uma cultura de dominação, na qual o poder – em sua fase perversa de controle e consumo – é disputado em todos os âmbitos da vida humana: no seio familiar, nas escolas, dentro e entre as religiões, nos espaços de trabalho, na academia, nos quartéis, nas fábricas, nas ruas... Portanto, estabelecer um compromisso diário com a não-violência, e reconhecer que precisamos uns dos outros para fazer deste mundo um espaço amigável e seguro, é um convite desafiador e corajoso. Mas ele está disponível... e nunca foi tão oportuno. Talvez seja tempo de ousar.

Lia Diskin
Co-fundadora e professora
da Associação Palas Athena, São Paulo

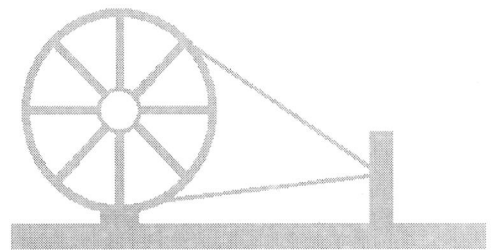

Os Valores e a Paz

Palestra na Associação Palas Athena, em 3 de outubro de 2001, por ocasião da 20ª Semana Gandhi. Nesse encontro, Shri Ravindra Varma falou aos professores participantes do projeto *Valores que Não Têm Preço*.

C aros amigos, estou muito feliz por esta oportunidade de encontrá-los. Sei que vocês estão empenhados num trabalho que considero fundamental e muito desafiador. Já que todos são professores, tentei aprender algo antes de lhes falar. Pedi à minha amiga Lia Diskin que me contasse algo sobre o que estão fazendo. Não sei se posso dizer que sou bom aluno. Pode ser que não tenha absorvido tudo o que deveria, mas quis muito vir encontrá-los, porque estou empenhado no mesmo tipo de trabalho. Tenho-me dedicado a ele por muitas décadas. Isso não significa que eu seja ligado a instituições de ensino, mas os problemas que vocês estão enfrentando – e a missão que têm a cumprir – estão muito próximos dos meus objetivos e visão.

Disseram-me que vocês estão preocupados com a paz e a aprendizagem dos valores. Como sabem, tive o privilégio de estar com o Mahatma Gandhi e aprender com seus discursos e palestras. Sei que ele estava também preocupado com a paz e os valores, e ainda com a educação. Sendo um homem de paz, acreditava que esta é essencial para a realização da personalidade humana.

Quando falamos sobre paz, precisamos pensar em dois aspectos. Um é que ela deve viver em nós, e o outro é que devemos ser seus agentes, trazendo-a para a nossa sociedade. Vocês bem sabem que não é suficiente desejar a paz: temos de trabalhar por ela.

Todos falam de paz, e há muitas declarações de intenção sobre como fazer com que ela aconteça. Contudo, apesar dessas afirmações ainda estamos longe de alcançá-la. Por quê? Uma das razões – que desejo submeter a vocês – é que não percebemos a existência da necessidade de um esforço contínuo, árduo, persistente, incansável, para atingir a paz dentro de nós; para que sejamos instrumentos aptos a buscá-la fora de nós. Uma das coisas que espero sublinhar, desde o princípio, é a necessidade desse esforço persistente. Qual a relação entre a paz que está dentro de nós e a que nos é externa?

Nos dois casos, a educação constitui um caminho fundamental. Pode-se dizer que ela ocupa um lugar de destaque, sempre que falamos de nosso relacionamento com o entorno social. Mas qual é o papel desempenhado pela educação, na tarefa de levar a paz ao nosso mundo interior? O simples desejo, nesse caso, não leva à realização. Quando tentamos olhar para dentro de nós mesmos, percebemos ali muitos elementos: coisas que controlamos, que têm repercussões no mundo externo, muitos aspectos que levam à constante incerteza.

A incerteza é um terreno muito fértil para a inquietação, a agressão, o desespero, e tende a eclipsar o silêncio e a paz da mente. Será que o processo de atingir a paz fora de nós é muito diferente do necessário para atingir a interior?

Como buscar a paz interior? Em primeiro lugar, voltando nosso olhar para dentro. Se ficarmos o tempo todo com a atenção dirigida para fora, jamais saberemos o que vai dentro de nós. Aprendemos muitas coisas na vida, mas em geral não aprendemos a olhar para dentro.

É sempre uma grande tentação: sentimos muita atração pelo mundo externo, e em geral não olhamos para dentro. Queremos entender os outros sem compreender a nós mesmos. Entretanto, se olharmos para dentro, será mais fácil perceber e compreender as causas da agressividade e da inquietação. Os desejos, a não-realização, o ego, a mágoa, o orgulho, o sentimento de separação e a vontade de protegê-lo, a ânsia de buscar aquilo que consideramos ser o nosso interesse – por todos esses meios a paz interna nos escapa.

Como lidar com os fatores que dificultam a paz? Por meio da compreensão, do controle dos processos que nos habilitam a sobrepujar aquilo que nos tenta e leva ao conflito.

Vejamos se os meios para o estabelecimento da paz fora de nós são muito diferentes. Assim como o treinamento da mente é uma forma de educá-la, queremos usar a educação para possibilitar que os outros desenvolvam qualidades que os levem a sobrepujar a desarmonia.

A principal preocupação de Gandhi era criar uma nova sociedade e um novo ser humano. Todos estão insatisfeitos com o estado atual da sociedade. Como, então, operar essa transformação? Às vezes, pensamos que a transformação é uma aniquilação: se quisermos nos transformar, devemos nos aniquilar. Só posso me transformar se perceber que há forças negativas dentro de mim, forças que posso sobrepujar.

Se confundirmos esses elementos negativos com outros, que constituem o palco da negatividade, jamais poderemos transformar a mente. Acreditamos que devemos criar uma sociedade não-violenta. Não sei se vocês descreveriam a não-violência como um valor. A meu ver, ela é um grande valor e também muito necessária, porque quando falamos em não-violência visamos toda a humanidade. Se tenho o direito de estar livre do impacto da não-violência, livre de ser vítima dela, os outros também o têm.

Algumas pessoas acham que é negativo falar em não-violência, porque a expressão começa com um "não", e isso pode parecer negativo em algumas situações. Gandhi explicou por que escolheu essa expressão: esclareceu que "não-violência" não exprimia tudo o que ele queria dizer, e que a expressão completa podia ser encontrada na palavra "amor".

Essa é uma palavra abrangente, positiva, que deveria ser incondicional. Ao mesmo tempo, porém, se você disser que pratica o amor, pode ficar difícil definir qual a conduta que melhor condiz com ele. Por exemplo, amor não é indulgência. Também não é aquele apego que dificulta o seu empenho em sobrepujar as paixões que o debilitam. Para Gandhi, "amor" inclui a responsabilidade de resistir.

Às vezes, as pessoas acham que essas duas coisas não combinam; pensam que elas são contraditórias. Como se pode amar e resistir ao mesmo tempo? Gandhi dizia que é preciso resistir quando a pessoa que você ama está fazendo algo errado, indefensável, algo que pode prejudicá-la e à sociedade. Nesse caso, não se deve cooperar com essa ação equivocada. Portanto, às vezes surgem dificuldades para definir a conduta a adotar, quando se quer amar e resistir ao mesmo tempo.

Não-violência significa não ferir. Talvez seja mais fácil definir o que é ferir e o que não o é. Não ferir significa desistir de causar dor ou dano. Quando digo "ferir", às vezes pode ser difícil saber se eu o machuquei ou não. Não estamos falando apenas de ferimentos físicos, pois o ser humano não é só o corpo.

Seria até acertado dizer que existem elementos do ser humano que são mais importantes que o corpo. Por favor, não pensem que estou diminuindo a importância do corpo; aliás, ninguém abre mão dele com facilidade. No entanto, causar dano à mente de uma pessoa é um ferimento mais fundo, implica mais conseqüências do que uma ferida corporal.

Como vocês sabem, a mente é uma entidade muito complexa. Ao sentir-se agredida, ela pode reagir de muitas formas. Não se cultiva uma ferida corporal, mas muitas vezes alimentamos um ferimento mental. Você pode achar que alguém machucou sua mente, seu ego, seu conceito de dignidade e então reage de forma negativa e continua agindo assim.

Nesse caso, é mais difícil remover o sentimento de lesão mental do que eliminar a sensação de ferida física, porque aquela é alimentada, é regada todos os dias. Toda vez que você vê a pessoa que o feriu, pensa: "Ah! essa pessoa me magoou. Como reajo a isso? Retaliando? Vingando-me? Devo seguir o exemplo de alguém muito importante, de uma nação superpoderosa? O que fazer?"

A agressão mental tem um efeito muito mais duradouro. É muito mais difícil lidar com a lesão mental do que com a física, pois trata-se de um ciclo. Quando alguém me fere mentalmente, surge em meu espírito a idéia de querer "dar um jeito" nessa pessoa – isso para dizer o mínimo. E logo a idéia de retribuir causando dor surge em minhas fantasias. Acredito, nesse momento, que essa é a melhor forma de ajustar as contas com ela.

Não sei se no Brasil é assim, mas no meu país, quando uma criança está correndo em volta de uma mesa e se choca com ela, o que a mãe em geral faz é dar um tapa na mesa. Logo depois, a criança pára de chorar e pensa, "ah, fui vingado". Já vi crianças caindo no chão, machucando-se e chorando, e mães batendo no chão e dizendo: "Pronto, agora está tudo bem."

Portanto, desde cedo pomos na cabeça das crianças que justiça significa retaliação. E assim elas começam a pensar que o melhor modo de acertar contas é causar dor aos outros. Cria-se então um círculo vicioso. Buda disse que não há fogo mais feroz do que a raiva: ele queima não só a outra pessoa, mas também a quem a sente. No círculo vicioso da retaliação, ferimos a nós mesmos na esperança de ferir o outro e isso se perpetua.

Se você quiser acabar com esse tipo de ação, se quiser curar a mente dessa tendência, terá de transformá-la. Para tanto, perceberá que é preciso mudança e não aniquilação. Não é necessário destruir a si mesmo. Você deve distinguir entre a má ação e quem a praticou. Verá então que é possível pôr um fim ao mal sem acabar com a pessoa. Não sei se alguém é capaz de pensar que o melhor modo de curar alguém é matando-o. Na Índia, há um ditado: "A cirurgia foi um grande sucesso, a não ser pelo fato de que o paciente morreu".

O que estou tentando dizer é que só é possível curar, corrigir, fazendo a distinção entre o erro e a pessoa que o cometeu. Se você quiser seguir o caminho da aniquilação, não é preciso estabelecer essa diferença. Desse modo, acreditará que ao eliminar o praticante do mal estará acabando com este. Portanto, se quisermos criar uma sociedade não-violenta, uma sociedade pacífica, há muitas coisas que precisamos gerar e inculcar em nós mesmos e nos outros.

O amor é necessário acima de tudo, porque somos interdependentes. Temos de aceitar nossa falibilidade, o que é muito difícil de fazer – ao menos na minha idade. Talvez por minha falta de força, eu gostaria de escapar de minha falibilidade.

É também necessário o compromisso de buscar a verdade. Isto é: não nos apegarmos ao que afirmamos, mas ao que provou ser verdadeiro. Certa vez, Gandhi foi acusado de ser incoerente e respondeu: "Estou preocupado em ser coerente com a verdade, não com o que disse ontem; pois se descobrir que o que disse antes não se sustenta diante de provas ou evidências racionais e lógicas, devo abrir mão do que falei. Se eu mantiver aquilo que disse há dez anos, mesmo diante de provas em contrário; se insistir em dizer que a afirmação passada é válida, estarei sendo coerente com a cronologia, não com a verdade".

Durante séculos, a humanidade foi vítima de muita lavagem cerebral. Falo dos sentimentos de justiça pela retaliação que foram gerados em nós. Ao mesmo tempo, também nos é sempre dito que a melhor forma de adquirir excelência é por meio da competição. Também nos foi afirmado, por alguns filósofos europeus, que o homem mostra seu melhor desempenho quando em guerra. Assim, vamos à guerra em busca de excelência.

Num certo sentido, o que se fala da guerra é aplicável à competição. Competição também é guerra. Fala-se de competição perfeita e competição imperfeita. Os estudantes de economia estão familiarizados com esse conceito. Se você compete, compete para chegar ao topo. Não se compete pensando: "Vou chegar ao terceiro lugar e depois deixo de competir". Se você é um engenheiro e está na guerra, não dirá: "Vou destruir 51% do meu inimigo e depois paro".

Talvez o futuro próximo nos ensine novas lições. Mas hoje, quando falamos em fazer a guerra até o fim, em competir para chegar em primeiro lugar, há nisso tudo um elemento que insensibiliza a nossa mente para as conseqüências em relação a ela própria e à sociedade.

Se o amor é a lei das espécies, será que a competição pode conduzir a ele? Será que a competição é coerente com o amor? Será que ela não é reflexo do sentimento de separação, de que não temos nada a ver com o outro?

Devemos repensar a questão do papel da competitividade na aquisição da excelência. Será que ela não produz efeitos nocivos?

Estamos falando de educação. Se quisermos inculcar esses valores – talvez a palavra "inculcar" seja imprópria –, torná-los conscientes, talvez haja conseqüências em relação aos métodos de ensino, ao conteúdo da educação, à pedagogia e, acima de tudo, à natureza do professor.

Algumas vezes, dizemos que a palavra "ensinar" não é a mais adequada e procuramos outra. Talvez fosse melhor falar em despertar na mente das pessoas um modo de pensar, de estudar, de entender.

Não sei se podemos ensinar valores, mesmo utilizando o mais rico dos vocabulários. Pode parecer que estamos fazendo sermões, pregando o que nós mesmos não praticamos. E então nossa credibilidade será reavaliada, o que só leva ao ceticismo por parte dos alunos. Podemos dizer que, embora não os pratiquemos, certos ideais são válidos e por isso os apresentamos aos alunos. Mas muitos de nós sequer têm a humildade de começar assim, e conquistar a credibilidade por meio da sinceridade.

Acredito que, nesse contexto, o professor é muito importante. A educação à distância tem um papel a cumprir, é inegável. Contudo, quando se trata de apresentar valores, não é o vocabulário e sim a vibração que importa. É preciso reconhecer que há coisas que não podem ser ensinadas por meio de argumentos.

É claro que os professores e seus modos de vida são muito importantes. Mas será que eles trabalham sobre si próprios? Será que conseguiram superar as causas da inquietação, falta de paz, tensão e conflito em suas mentes? Se não o fizeram, não serão eficazes e os alunos têm o direito de questioná-los. Esse é um ponto essencial. É preciso, portanto, introspecção. É necessária a reeducação de nós mesmos, se é que queremos utilizar a educação como um caminho para a paz.

PERGUNTAS

Como falar de amor de modo eficaz neste mundo competitivo, sem soarmos falsos?

A crescente percepção da interdependência é um grande incentivo, um estímulo eficaz para desenvolver o amor ao próximo. Quando as pessoas pensam que não dependem dos outros, que podem conquistar o que querem sozinhas, que não precisam de ninguém para conseguir excelência e um bom padrão de vida, etc., podem pensar que são de todo independentes e que não há por que se preocupar com os outros. Quando adquirimos a percepção da interdependência, compreendemos que o amor é necessário.

É estranho que tenhamos de perguntar se o amor é necessário. Muitas vezes penso nas crianças de rua, que sofrem todo tipo de privação. De todas, a maior miséria é a falta de amor. Tento imaginar a mim mesmo numa situação semelhante. Eu ficaria desnorteado, sem um chão sobre o qual me apoiar. Que tipo de trauma, além das carências físicas, isso pode ocasionar?

Muitos já chamaram nossa atenção para esse ponto. O Dalai Lama, por exemplo, mostrou que os seres humanos não podem viver sem amor. Desde o momento em que nascemos, até depois de caminharmos um milhão de passos, ainda buscamos o amor. Quando nascemos, precisamos do amor de nossa mãe e de todos; não se pode crescer sem amor. Quando estamos perto da morte, queremos estar cercados por aqueles que nos amam, não pelos que nos odeiam. Essa é uma necessidade humana básica; para viver e crescer, precisamos do amor.

No entanto, criamos o sentimento de separação e com ele o sentimento de que somos independentes: não tenho nada a ver com você, nem sequer lhe devo um cumprimento; no máximo, pergunto-lhe se vai chover. E assim acabamos por não ficar muito tempo juntos. Falamos sobre o tempo, mas não sobre outros assuntos. Quanto mais percebermos que o amor é essencial, que a interdependência é algo que não podemos ignorar, tanto mais perceberemos o quanto é ilógico, insustentável e equivocado o senso de separação, a vida em compartimentos herméticos que criamos.

Não tenho dúvida de que estamos cada vez mais conscientes da interdependência. Vejam, por exemplo, o que nos ensinam os ambientalistas. Cada vez mais pessoas vêm percebendo que o que eu faço afeta você, porque influi no meio ambiente. Se uso objetos de plástico, ou se libero substâncias tóxicas no ar – e assim por diante –, haverá conseqüências para todos. A ciência nos mostrou que somos interdependentes. Quanto mais compreendermos isso, mais desaparecerá o desgosto que sentimos em relação aos outros e a tendência a vê-los como competidores.

Já ouvi dizer – e já vi com meus próprios olhos – que, quando há fogo na floresta, todos os animais fogem e esquecem temporariamente suas rivalidades instintivas.

Ao fugir, eles cooperam uns com os outros. Acredito que à medida que caminharmos para o futuro e nos conscientizarmos mais e mais, todos chegaremos ao sentimento de interdependência.

Acrescentaria ainda algo da tradição hindu. Fala-se com freqüência em compreender o outro pela similaridade, e também da possibilidade de perceber a identidade do outro. Fala-se em entender o outro como a nós próprios. Há mesmo um verso que diz: "Quando você começa a se ver no outro, e vice-versa, não há sensação de diferença". Isso não é difícil. Quero dizer, do ponto de vista mental não é nada difícil. Quando eu e você estamos em constante interação – o "inter-ser", como dizem os budistas –, a compreensão é fácil. O difícil é atingir um nível em que tudo isso passe a correr dentro de nossas veias. Entretanto, quando começamos a ver os outros em nós e nós neles, de quem então nos afastamos?

Li, num texto de Sri Aurobindo, uma referência à natureza como mantenedora de seu equilíbrio. Em relação aos recentes acontecimentos de 11 de setembro de 2001 nos EUA, não poderíamos ver neles também uma ação da natureza, tentando restabelecer o equilíbrio entre os povos?

Não sei se tenho competência para responder a essa pergunta, mas tentarei pensar nela com base em meu conhecimento e experiência, por mais limitados que sejam.

Não apenas cientistas, mas todos os pensadores espirituais falaram em causa e efeito. Alguns sustentam que Deus é a origem da causa e do efeito. Outros acham que não é preciso supor a existência divina para entender essa idéia.

Tudo que acontece tem seus impactos em muitos indivíduos, em muitas mentes, muitas nações, e até na própria natureza. Outros fatos vão se agregar a estes, causando novos efeitos. Se você quiser dar um passo adiante, e dizer que a natureza restaura seu equilíbrio, teremos de nos perguntar se ela tem uma mente e uma vontade próprias. Se você não pressupõe que aquilo que chamamos de natureza tem uma mente e uma vontade próprias, terá então de voltar à questão da causa e efeito. E assim, mesmo que se queira falar na natureza como mantenedora de seu equilíbrio, seria como dizer que ela está lá fora, tentando restaurá-lo.

Contudo, se dissermos que há um elemento automático de causa e efeito, que age e reage e, portanto, restaura o equilíbrio natural, isso é diferente de afirmar que a natureza recupera o seu equilíbrio. A lei da natureza é a de causa e efeito. Você pode, portanto, dizer que nesse caso uma lei natural está sendo cumprida.

Alguns elementos têm consciência, gozam do poder de escolha consciente, outros não a têm, tal como a entendemos. Há uma combinação de ambos nessa situação, e por isso podemos dizer que eles agem e interagem.

Há outra idéia que eu gostaria de lembrar, já que você se referiu a Sri Aurobindo. A tradição hindu fala de *darma*. O que é *darma*? Não existe uma palavra que, sozinha, possa traduzir o significado desse termo, que é comum ao budismo, ao jainismo e ao hinduísmo. Ele comporta muitas interpretações e é usado em muitos contextos. Entretanto, de modo bastante simples, podemos defini-lo como o poder que mantém as coisas juntas.

Os componentes existem. Não há nada que não tenha partes. Até o tempo pode ser subdividido. O espaço também pode ser decomposto. As pessoas podem ser divididas em átomos, partículas. Mas há uma força que mantém esses componentes juntos, dando a impressão temporária de uma só entidade.

As três religiões às quais me referi aceitam a impermanência. Tudo é impermanente. Heráclito disse que não se pode entrar no mesmo rio duas vezes. Portanto, também os gregos acreditavam que tudo é um fluxo constante. Se tudo é mutável, se nada é definitivo, não há existência inerente. Mas o conceito de *darma* significa que as partes dispersas estão reunidas por uma força que lhes empresta uma forma temporária, que nos permite conhecê-las como entidades distintas. É uma questão de formação, desintegração, e nova formação, e de reconhecer uma entidade como temporária, parcial, mutável, mas que, apesar disso, se comporta como una para fins práticos.

Vocês conhecem as forças centrífuga e centrípeta. Se muitos componentes estão reunidos e a força centrífuga (de desintegração) aumenta, a entidade composta se desintegrará e se transformará. Portanto, a força que reúne, que agrega, se denomina *darma*; e a que leva à desintegração é chamada *adarma* – antítese de *darma*. Quando a força centrífuga se torna mais forte, dizemos que há uma transformação. Então, a entidade deixa de ser reconhecida como aquilo que era antes. Assim, embora Sri Aurobindo não fale com estas palavras, o conceito é o mesmo. Podemos dizer que há uma restauração automática, um reequilíbrio, ao menos numa certa medida. Também é verdade que a restauração pode não ser um restabelecimento do *status quo* (caberia lembrar aqui a idéia de tese e antítese, de Marx). É muito provável que não se trate do estado anterior. Haverá, porém, uma restauração numa situação flexível, numa atmosfera dinâmica. No entanto, eu hesitaria em usar as palavras que você usou.

A vida de Gandhi foi pautada pelo princípio da simplicidade. A educação de hoje oferece a possibilidade de aquisição de grande volume de informações. Gostaria de saber como o educador pode trabalhar, para não cair na "inapetência" da aquisição, nem se deixar envolver pela quantidade de solicitações que os meios de comunicação oferecem hoje aos jovens, às crianças, às pessoas em geral. Como trabalhar a simplicidade, sem cair na incapacidade de aquisição nem na sua extrapolação?

Acho que quando falamos, hoje em dia, sobre as facilidades que temos para adquirir conhecimento e propagá-lo, deveríamos saber usar melhor os meios para essa aquisição. Entretanto, o conhecimento não precisa nos fazer desejar o luxo, levar-nos a multiplicar nossas vontades e desejos.

Qual é a simplicidade que Gandhi queria? Em primeiro lugar, ele desejava que todos nós lembrássemos sempre que condições materiais são apenas meios. A vida nos permite buscar grandes ideais, grandes propósitos. Não somos como os outros animais. Temos essa capacidade especial, única, e não ficamos satisfeitos apenas por comer e beber. Queremos usar tal capacidade para atingir algo. Temos um objetivo, um propósito à altura da espécie humana. Se é assim, o que nos importa não é perseguir aquilo que nos acrescenta em termos de prazer, de conforto. Usamos essas condições materiais para buscar nossos propósitos.

Em segundo lugar, quanto mais se tem mais difícil é a satisfação. Jamais conseguimos a saciedade cedendo aos desejos. Se você quer comer doces e nunca consegue se saciar, mesmo comendo mais do que comeu hoje, mesmo comendo mais e mais, não há outra forma de vencer esse desejo: é preciso que você se contenha. Só Oscar Wilde pensava que a melhor maneira de acabar com uma tentação é ceder a ela.

O autocontrole é necessário até para prolongar nossa existência física. É necessário também para nossa existência espiritual e mental. Como controlar-se? Sempre perguntando a si próprio: preciso mesmo disso? Precisando, querendo, desejando – não será que assim crio para mim uma situação na qual é mais difícil ter paz de espírito?

Se desejo algo de modo ininterrupto, não terei essa paz. Se quero tê-la, devo reduzir minhas necessidades. De outra forma, sempre dependerei dos outros. E, quanto mais depender de outra pessoa, menos serei capaz de encontrar a paz em mim. Essa é a simplicidade na qual Gandhi acreditava.

Vejamos a mesma coisa do ponto de vista espiritual. Quanto mais desejamos, quanto mais queremos uma existência física que nos dê a impressão de poder satisfazer nossos desejos, o desejo que nos liga a tal existência se torna cada vez mais forte. Se quisermos ver-nos livres dessa luta, dessa angústia, dessa existência condicionada pelo sofrimento, é preciso superar o desejo.

Desejo e ódio são opostos, mas têm em comum a natureza de poder prender-nos. Se você odeia alguém, estará sempre pensando nessa pessoa; se ama alguém, estará sempre pensando nessa pessoa. Terá sempre presente o desejo de estar junto a ela, de fazerem coisas juntos. E esse desejo prenderá a sua mente e o aprisionará. Você não estará livre.

Portanto, quer se trate de liberdade da mente ou libertação do sofrimento, é preciso superar o desejo. E a forma de superá-lo é diminuindo necessidades. Se as diminuirmos, teremos uma vida de simplicidade.

A Atualidade
do Pensamento Gandhiano

> Palestra no auditório do Museu de Arte Moderna de São Paulo, em 2 de outubro de 2001. O evento foi organizado pela Associação Palas Athena e marcou o início das comemorações da 20ª Semana Gandhi.

E stou encantado por estar com vocês, neste momento em que a Associação Palas Athena celebra a 20ª Semana Gandhi em São Paulo. Tudo o que ouvi e vi do trabalho dessa Associação me encheu de admiração pelos seus membros, e por sua visão ampla e altruísmo.

Estou muito comovido com a presença de personalidades tão distintas da cidade de São Paulo. Vejo que seu comparecimento representa um grande tributo à memória do Mahatma Gandhi – um ser humano único, cuja vida e pensamento contêm a esperança e a luz de que hoje a humanidade necessita.

A preocupação básica de Gandhi era o ser humano. Não o de um determinado país ou religião, mas o ser humano como membro de uma espécie única que evoluiu sobre a terra – o chamado potencial humano –, e o poder que ele tem de realizar o seu destino na escala evolutiva.

Gandhi era um homem de grande versatilidade, um gênio e pioneiro. Hoje, falarei apenas de um aspecto de sua personalidade – a modernidade de seu pensamento. Enquanto viveu, os críticos não lhe deram sossego. Alguns o descreviam como um "espiritualista", que queria privar a humanidade dos benefícios que a ciência e a tecnologia puseram à nossa disposição; uma pessoa que queria levar a humanidade de volta à idade das trevas. Porém, mesmo um exame superficial de seus discursos e escritos revelará que essas caricaturas de Gandhi como inimigo da modernidade não passam de fantasias.

Ele descrevia a si mesmo como um buscador da verdade. Embora mostrasse grande deferência e respeito pelos que o precederam, acreditava ter a obrigação de procurar, explorar, experimentar, verificar e viver a verdade da forma como a via. Acreditava que a busca da verdade – e a vida à sua luz – eram o único sentido de viver. Afirmava que não se podia pesquisá-la e verificá-la se não se adotasse uma disposição científica, usando os métodos da experimentação. Portanto, recusava-se a acreditar em qualquer texto ou profeta baseados apenas na fé. Exigia que tudo, na esfera do intelecto e da experiência, devia passar pelo teste da razão.

Com efeito, seu grau de compromisso com o método científico fica evidente em suas palavras: "É errado me chamar de asceta. Os ideais que regulam minha vida são passíveis de aceitação pela humanidade em geral. Cheguei a eles pela evolução gradual. Cada passo foi pensado, bem refletido e adotado com grande deliberação".

Portanto, é falso dizer que Gandhi era contra a ciência e a tecnologia. Esta surge do conhecimento que o homem adquire pelo questionamento científico, mas em relação a certos objetivos. Só depois da escolha deles é que vem o modo eficaz de atingi-los, por meio do conhecimento científico disponível.

A tecnologia depende, portanto, de escolhas. Escolhemos entre várias alternativas, e a seleção é feita com base em nossos valores e prioridades. Estes podem ser declarados ou ocultados com astúcia, mas nem por isso deixam de determinar nossas opções. É preciso, pois, examinar a tecnologia e as inovações a partir dos motivos ou valores que deram início à sua consolidação.

É um erro presumir que esses valores têm algo a ver com considerações "do outro mundo", ou questões éticas de hierarquia religiosa. Eles são, de fato, imperativos sociais, tanto quanto imperativos morais. Baseiam-se nos paradigmas inalteráveis da existência humana, impostos pela interdependência e seus corolários e, em conseqüência, pela necessidade de proteger e promover os valores indispensáveis à coesão, coexistência e prosperidade geral da sociedade. Tais valores ajudam a libertar nossa mente de propensões anti-sociais como a ganância, o desejo de dominação e assim por diante.

O alerta de Gandhi contra a moderna tecnologia não se baseava na oposição a todo tipo de técnica, ou ao uso do conhecimento científico para satisfazer necessidades concretas, mas sim nas motivações que ele percebia por trás delas, e nos valores que as refletiam e pareciam querer santificar.

Para ele, estava claro que a moderna tecnologia tinha sido planejada para servir ao lucro, ao poder e à busca irresponsável do prazer. A motivação a ela subjacente nem sempre era o desejo de beneficiar a todos, mas o de buscar lucros ou poder ilimitados para uns poucos. Gandhi não tinha qualquer objeção a inovações tecnológicas que servissem aos interesses de todos, que não promovessem a concentração dos meios de produção e controle nas mãos de poucos. Opunha-se às técnicas que levassem à desumanização, ao desequilíbrio entre as pessoas, e entre estas e o mundo natural.

A relevância e significado de Gandhi, no tocante aos problemas que surgiram com a modernidade, ficarão evidentes se olharmos para o que subjaz aos aspectos apenas contextuais das batalhas que ele travou. Sua luta na África do Sul foi contra a discriminação racial e pela dignidade e igualdade dos direitos humanos. As campanhas que ele liderou na Índia se opuseram à exploração de camponeses e trabalhadores, propuseram a independência do país e a criação de uma nova ordem social, econômica e política, baseadas na liberdade e na igualdade.

Deixamo-nos absorver com facilidade pelos elementos novos, únicos, simbólicos e espetaculares das lutas e movimentos que Gandhi liderou. Mas o que ele próprio salientou, repetidas vezes, foi o verdadeiro significado dessas lutas. Percebia todos os movimentos que encabeçou como meios de apresentar um conjunto de valores, sobre os quais deveriam ser reconstruídas atitudes individuais, relações sociais e instituições. Via-os como meios alternativos de luta por uma nova sociedade. Grandes pensadores daquela época, como Leon Tolstoi e Romain Rolland, logo perceberam que as batalhas travadas por Gandhi na África do Sul – e depois na Índia –, eram de imenso significado para toda a humanidade.

Mas o que dava a esse homem frágil e modesto a segurança para desafiar um poderoso império, dizer que sua voz falaria do seu túmulo, e que a humanidade não poderia ignorar suas palavras?

Podemos dizer que era seu compromisso e devoção à verdade, e sua fé no supremo poder nela latente. Foi isso que permitiu que suas palavras prevalecessem. Ele acreditava que o ser humano tinha a capacidade única de procurar e identificar a verdade, e usar de modo estratégico o poder ou a força nela contidos. Para Gandhi, a verdade era a lei que governa o Universo, e seu poder se refletia na inexorável relação entre causa e efeito.

A lei era inalterável, porém compreensível. Tudo que estivesse de acordo com ela perduraria, e o que com ela conflitasse acabaria se mostrando insustentável e prejudicial. Portanto, o ser humano teria de fundamentar sua ação no mundo com base na lei. A capacidade de identificá-la, obedecer-lhe e desenvolver-se a partir dela daria sentido à vida humana.

Vejamos agora o que Gandhi chamava de objetivos e ambições de sua vida. Vejamos também se estavam limitados apenas ao contexto e às exigências imediatas daquilo que ele enfrentava.

Seu principal objetivo era buscar e realizar a verdade: "Meu propósito na vida é demonstrar que a maior força física se curva diante da força moral, quando esta é usada na defesa da verdade". Seu empenho era assegurar "a liberdade do homem em toda a sua majestade". Sua ambição era enxugar todas as lágrimas de todos os olhos.

Já fizemos algumas observações sobre o primeiro desses objetivos, mas talvez devamos repetir que Gandhi não via a verdade (e o amor) como virtudes enclausuradas: "Para alguém cuja vida é dedicada ao *darma* (o princípio de coesão que mantém a identidade das entidades), política e economia são aspectos dele, e não se pode deixar nenhum de fora".

Gandhi se preocupava, portanto, com todas as facetas da vida humana. Acreditava que o ser humano não podia buscar ou encontrar realização sem liberdade. Declarava que o verdadeiro objetivo de toda a sua luta era assegurar "a liberdade do ser humano em toda a sua majestade". Ele sabia que determinado grupo ou país podia alegar ser livre, e no entanto indivíduos ou grupos vivendo naquele país podiam não sê-lo e estarem sujeitos a vários graus de exploração. Portanto, não hesitava em dizer que o teste da liberdade, ou do progresso de uma sociedade, era a maneira pela qual ela se refletia na vida dos indivíduos.

A liberdade é indispensável para a realização ou a auto-realização. Determina a oportunidade de buscá-las.

Significa o direito de escolha, bem como a responsabilidade de suportar as conseqüências de nossas opções. O direito de escolha implica a responsabilidade de proteger a liberdade, defendendo-a, preservando-a, resistindo ou não cooperando com tudo que pode corroê-la. Uma ordem ou instituição social sadia deveria, portanto, ser julgada pelo grau em que preserva e preza a capacidade individual de proteger sua individualidade. É óbvio que na esfera política uma sociedade desse tipo teria de ser democrática. Mas Gandhi também salientava que só uma sociedade não-violenta poderia ser democrática.

Nesta altura, é necessário falar de alguns paradoxos que o ser humano enfrenta em sua busca da liberdade e de uma ordem social que a glorifique. Tais paradoxos são suscitados pelos seguintes fatores:

1. A aspiração humana por liberdade ilimitada, e a necessidade de conciliar a liberdade com os paradigmas de interdependência que governam suas relações com outros seres humanos e a natureza;
2. A necessidade de nos reunirmos e cooperar para aumentar a eficácia de todas as áreas do trabalho humano;
3. Ao nos reunirmos, porém, não só criamos organizações e geramos poder, mas também suscitamos o problema de exercer controle sobre o poder que geramos;
4. Numa sociedade interdependente, não pode haver irreconciliabilidade fundamental de interesses;
5. No entanto, parece que nos convencemos de que há interesses irreconciliáveis, e de que a extinção dos

direitos dos outros é a única forma de proteger os chamados interesses próprios.

Devo mencionar ainda outras questões.

1. Se a sociedade é interdependente, como acreditar que agredir os outros é o caminho para nos protegermos, que ferir o outro não é ferir a nós mesmos?
2. Se todas as conquistas fundamentais são edificadas sobre uma infra-estrutura de interdependência, como poderemos creditar só a nós próprios (monopolizar, portanto) os benefícios que vêm dessas conquistas?
3. Se a interdependência governa a sobrevivência e o progresso de nossa espécie, não deveríamos aceitar que o amor, e não o ódio, é o corolário dela?
4. Como então sustentar que a competição é a lei de nossa espécie, e não a cooperação e o cuidado com os elos mais fracos da corrente?
5. Se todas as conquistas se baseiam na interdependência, como é possível alegar a posse exclusiva dos frutos desse esforço, em vez de ver todo esse patrimônio como um fundo em benefício de todos aqueles que contribuíram para sua criação, de modo direto ou indireto, consciente ou inconsciente?
6. Se todos os seres humanos têm a liberdade de pensar, é provável que também cheguem a diferentes opiniões. A supressão de visões diferentes levará à preservação da liberdade de pensamento?
7. Devemos preservar a liberdade de pensamento

aniquilando os que têm outra opinião, ou fazê-lo por meio da reunião de provas, da persuasão, da reflexão conjunta, empreendendo juntos uma viagem pelos procedimentos de apuração dos fatos e outros processos que levam a conclusões?

Como todas as organizações geram poder, Gandhi preocupava-se tanto com o potencial destrutivo deste quanto com o seu potencial criativo. Para assegurar que o poder fosse usado para propósitos criativos, insistia em que ele tinha de ser empregado para benefício de todos e não de uns poucos; e deveria ser usado sob constante e eficaz vigilância e controle por seu principal beneficiário – o povo.

Ele queria, portanto: a) a diminuição da concentração de poder; b) o aumento do poder de resistir ao seu próprio abuso (por meio do *Satyagraha* – o compromisso com a verdade); c) uma atitude de fiel depositário, por parte daqueles que detêm ou geram o poder.

Gandhi acreditava que um adepto da verdade tinha o dever de defendê-la diante da falsidade e do mal; que o mal só pode ser vencido pela não-cooperação com ele, pela resistência de uma força que lhe fosse superior; que essa força é a da mente e do espírito, que pode ser gerada, mantida e ampliada pelo ser humano; e que o método para desenvolvê-la consiste em tornarmo-nos transmissores dessa força moral e espiritual superior – o *Satyagraha*.

Já salientei que a eficácia do ser humano aumenta muitas vezes pelo fato de ele ser um ente social. Muitas das conquistas da humanidade, no campo da cultura, da investigação científica ou da aquisição e transmissão de conhecimento, são resultado de cooperação e esforço organizado. Os seres humanos dependem dos outros membros de sua espécie para a sobrevivência e o progresso, incluindo a melhoria do padrão de vida. Entretanto, como vimos, a organização necessária ao ânimo cooperativo também cria paradoxos.

No esforço para ampliar a eficácia e desenvolver os paradigmas do progresso, os seres humanos são levados a formar muitos grupos. Estes são diferentes em tamanho, fundamentos, duração, e também na quantidade de poder gerada e usada para a consecução de seus objetivos. Tais unidades associativas vão desde a família até o Estado soberano, e passam por unidades territoriais administrativas, grupos étnicos ou lingüísticos, unidades de atividade econômica e assim por diante.

Já que toda associação tem por finalidade última beneficiar o indivíduo, Gandhi acreditava que o grande teste para qualquer instituição era verificar sua capacidade de ser libertadora ou escravizante; se ajudava o indivíduo a controlar o poder que tinha criado, ou se tendia a colocá-lo à mercê de um Leviatã incontrolável que ele mesmo havia ajudado a criar.

Quanto maior a organização, mais distante fica a sede do poder e mais difícil controlá-lo a partir das bases. Foi pensando nisso que Gandhi destacou a relação entre tamanho e controle. O afã de gigantismo levou à construção de estruturas que concentram poder e solapam as possibilidades de controle e iniciativa.

Ele acreditava que a governança participativa, transparente e responsável, é possível apenas quando nos libertamos da atração do gigantismo no campo econômico e também político, onde quer que uma associação de seres humanos em busca de maior eficiência gerasse poder. Não podemos dar valor à liberdade, e ao mesmo tempo barganhar ou deixar erodir-se o direito ao controle, ou o dever da responsabilidade.

Gandhi também apontava para o fato de que, em unidades associativas que crescem ou se expandem, deveríamos aprender com a lei que sustenta e governa a família, que é a primeira e mais fundamental unidade constitutiva da sociedade. Essa é a lei do amor, que permite a conciliação de interesses e oferece a base para a cooperação em benefício de todos.

Hoje, o Estado tornou-se um símbolo de soberania e também de violência estrutural. Ele é visto como o último garantidor, o último repositório e gerenciador das sanções que a sociedade forja e emprega. Durante séculos, o Estado vem sendo visto com reverência, como uma presença que tem o direito de exigir lealdade total e inquestionável daqueles que vivem em seu território.

O século 20 testemunhou desafios sérios e fundamentais às antigas teorias sobre o Estado soberano. Perguntamo-nos hoje sobre o significado e a natureza da soberania; sobre o todo e a parte e os respectivos papéis das partes e do todo; sobre os direitos das regiões constitutivas ou grupos territoriais. Questiona-se se o Estado é um monolito, que goza da ocupação exclusiva de um dado território, ou se as partes que o constituem têm algum espaço em que possam habitar e trabalhar.

Levantaram-se também questões sobre os graus relativos de poder ou autoridade exercidos por outras associações, dentro do Estado soberano. O novo século talvez veja a evolução de um novo equilíbrio entre os respectivos papéis, direitos e deveres das partes e do todo. É bem provável que tal equilíbrio ofereça mais espaço para organizações voluntárias, fundadas na cooperação e consentimento mútuos, diferenciando-as daquelas que têm graus variáveis de regulamentação, supressão de dissentimentos e coerção.

Foi o desejo de mais espaço – espaço para respirar, longe da coerção e da fragilidade – que se cristalizou nos movimentos pela restituição dos direitos e do papel da sociedade civil. As fronteiras territoriais do Estado são feitas pelo homem. Muitas vezes, porém, elas ganharam seus contornos como resultado de guerras e conquistas, intrigas e fraudes, teorias sobre identidade ou similaridade étnica, lingüística ou religiosa. Hoje, muitos Estados têm dificuldade de voltar a recorrer à força bruta e ilimitada das armas, para lidar com massas de cidadãos comprometidos com a luta pela revisão de sua identidade.

Há mostras crescentes do desejo de afirmar a "identidade" ou "distinção" dos componentes territoriais ou étnicos dos Estados existentes. O desejo se manifesta muitas vezes pela exigência de subdividir Estados grandes, compostos de vários grupos étnicos, lingüísticos e religiosos.

As últimas décadas testemunharam programas abertos ou sub-reptícios de ataques a minorias étnicas. A migração dos povos, ao longo dos séculos, deixou elementos diversificados dentro de territórios de um mesmo Estado. Há poucas áreas no mundo em que se podem encontrar habitantes vindos todos de um mesmo ramo.

Idéias atuais, inclusive as consagradas pela Declaração Universal dos Direitos Humanos, acenderam – ou reacenderam – o desejo de afirmar ou preservar "identidades". Com freqüência, acredita-se que estas só podem ser preservadas em unidades administrativas separadas, ou Estados soberanos afastados. O uso da força por parte do poder central quase que deixou de ser uma garantia de preservação do *status quo*, que muitas vezes se instaurou por esse meio.

O campo que os governos tentam cobrir tornou-se muito amplo. Os governantes começaram a ter de lidar cada vez mais com a maioria dos assuntos que afetam a vida diária dos cidadãos. Os meios de comunicação tornaram as pessoas mais conscientes de seus direitos e poder, e também lhes deram acesso à informação essencial para a tomada de decisões que as administrações costumam assumir. Isso levou a uma exigência quase irresistível de governos participativos, responsáveis e transparentes, e também ao livre acesso à informação sobre a administração e as demais ações governamentais. Se essa exigência não puder ser satisfeita, teremos de pensar em formas e estilos administrativos que o façam.

Pergunto: será que os conceitos gandhianos de descentralização administrativa, autogoverno regional, ampliação do governo no plano local e vigilância constante das unidades inferiores sobre as mais altas adquiriu crescente relevância, à luz dessas exigências? Será que o empoderamento do povo, resultante do impacto da tecnologia e da educação, acentuou a relevância das idéias de Gandhi nesse campo?

Com a expansão dos poderes que o Estado reclama para si, e com o aumento das expectativas do povo, há crescente insatisfação com a maneira com que o Estado usa, deixa de usar, ou usa mal os seus poderes.

Problemas como: a) desenvolvimento e industrialização (conforme entendidos nos países ricos); b) defesa; c) localização de instalações militares, usinas nucleares, depósitos de armas, lixo tóxico; d) monopólio do controle de recursos naturais e depósitos minerais localizados em diversas áreas dentro do Estado (muitas vezes ignorando os direitos e interesses dos habitantes locais); e outros semelhantes, já levaram a muitas situações de confronto e conflito.

Estas e outras exigências de mudança radical no *status quo* produziram conflitos em muitas regiões do mundo. Alguns foram não-violentos. Contudo, quando aqueles que se empenham em lutas recorrem a meios violentos ou à força das armas, acabam enfrentando o poder armado do Estado. São então obrigados a encarar a disparidade entre o poderio estatal e o poder ao qual têm acesso. Essa disparidade levou à adoção de táticas que visam reduzi-la: o terrorismo e as táticas de guerrilha são dois exemplos. Gandhi era um grande inovador, que mostrou o poder da não-violência como meio de luta e resistência. Será que os movimentos populares do século 21 se inspirarão nos meios não-violentos que ele empregava? Que modos continuarão relevantes? Que formas novas podemos vislumbrar? Há necessidade de treinar as pessoas e os líderes desses movimentos no uso de métodos similares, a fim de atingir metas ou conseguir a conciliação? Que meios poderemos empregar para conscientizar as pessoas da necessidade de refrear o seu poder de fogo, e de pôr em prática seu ímpeto revolucionário em defesa de seus direitos, por meio de processos não-violentos?

De todas as ameaças à sobrevivência da humanidade, aos valores humanos e ao ambiente que enfrentamos hoje, a violência é talvez a mais visível, a mais espetacular e, no entanto, a mais sutil e mais sub-reptícia. Encontramos suas manifestações diretas ou indiretas em quase todos os níveis, em quase todas as esferas sociais e em todas as instituições que governam a nossa vida. Ela parece ter-se imiscuído em nossas almas e em nosso inconsciente.

A guerra é a manifestação mais óbvia e gigantesca da violência. Todos os séculos viram guerras, e elas talvez tenham sido consideradas como o último recurso para dirimir conflitos entre nações. Mas parece que a própria natureza da guerra sofreu uma metamorfose. As guerras entre as nações se transformaram em conflitos totais, que envolvem populações inteiras. Embora se costume fazer uma distinção entre as guerras globais e as limitadas – considerando cenário, táticas e duração das operações –, todas elas, hoje, têm efeitos semelhantes.

Em primeiro lugar, a distinção entre exércitos combatentes e civis não-combatentes foi suprimida. Todos são vulneráveis, e talvez de modo igual. Todos são alvos de um ou outro objetivo da guerra – atrito, terror, aniquilação, erosão da moral ou a determinação de resistir ao que se considera uma injustiça.

Pesquisas internacionais registram que mais de 250 guerras, de um tipo ou de outro, foram travadas no século 20. Houve 110 milhões de mortes relacionadas a elas. A proporção de civis e crianças que perderam a vida dessa maneira aumentou em 63% nos anos 60; subiu para 74% nos anos 80; e chegou a 90% na última década do século. Esses conflitos deixaram mais de 50 milhões de pessoas na condição de refugiados.

Um relatório das Nações Unidas diz que, na última década, 2 milhões de crianças foram mortas, e mais 5 a 6 milhões foram gravemente feridas ou mutiladas. Incontáveis crianças testemunharam carnificinas, estupros e saques, com todo o trauma e efeitos psicológicos conseqüentes. Muitos milhões ficaram órfãos. O mesmo relatório mostra ainda que mais de 250.000 soldados-crianças (abaixo de 15 anos) participam de confrontos armados em todo o mundo. Outros relatórios falam de centenas de milhares de crianças abaixo dos 5 anos que perderam suas vidas em guerras civis na África. Ainda outro relatório descreve os horrores perpetrados contra as mulheres nas áreas conflagradas, e afirmam que elas talvez tenham tido que suportar as piores aflições dos conflitos deste século.

A tecnologia também teve o seu papel, na transformação da natureza da guerra e na escalada da destruição e da depredação. Florestas inteiras foram desfolhadas, para combater as táticas de guerrilha e insurreições. Armas de destruição em massa foram inventadas e instaladas – o que inclui artefatos nucleares, químicos e bacteriológicos. Elas foram inventadas e preparadas para destruir sociedades, devastar de modo indiscriminado e generalizado tudo o que a radioatividade ou os germes possam atingir. Bem sabemos que seu efeito não se limita à área-alvo. Nem mesmo se restringem a uma geração. Podem causar a morte instantânea mais cruel e horripilante, e também deixar efeitos que afligirão gerações ainda não nascidas.

Não é mais necessário descrever os efeitos das armas nucleares. Já foi demonstrado que a radioatividade não respeita fronteiras. O mais chocante e espantoso, porém, é o fato de que a possibilidade real de exterminação não convenceu os governos a renunciar a tais armamentos, a parar com os testes, destruir os estoques e descartar o lixo atômico sem espalhar danos, mesmo às áreas que não possuem programas nucleares. Já se provou, sem sombra de dúvida, que o mundo não poderá sobreviver se persistir a política armamentista nuclear.

Ao mesmo tempo em que as armas de destruição em massa foram aperfeiçoadas, foram criadas outras, capazes de atingir alvos focais – arrasar residências de indivíduos ou chefes de Estado –, e alguns centros de poder decidem se têm o direito de liquidar governantes inconvenientes, mesmo quando estes são apoiados pelos povos que representam.

As enormes disparidades no poder de fogo disponível – de um lado, para os Estados, e de outro para grupos militantes que servem a objetivos ideológicos, étnicos, religiosos ou outros interesses –, resultaram no fato de que esses grupos recorrem ao terrorismo e à guerrilha. Equações internacionais de interesse, o desejo de destruir centros de apoio, o desespero pela incapacidade de adotar a guerra convencional apesar da vontade de vingança e retaliação, e muitos outros fatores, levaram à operação internacional de forças terroristas ou ao terrorismo transnacional, como é às vezes descrito.

Isso representa um método de agressão transnacional, que busca os benefícios da imunidade pela distância, por outros fatores geográficos, ou ainda pela resistência do inimigo em aumentar o conflito. Quaisquer que sejam as razões para o terrorismo em um determinado Estado, ou além de suas fronteiras, seu propósito é criar o terror nas mentes de todos, incluindo as massas. E o método empregado para conseguir o reinado do terror é a destruição seletiva – e indiscriminada – de vidas e propriedades.

As conexões internacionais de grupos terroristas criaram uma real apreensão quanto à possibilidade das armas nucleares chegarem às suas mãos. Os governos mostram-se muito preocupados em formar uma opinião pública internacional contra o terrorismo, e selar acordos intergovernamentais para identificar, isolar e punir os chamados "Estados terroristas".

Devo agora mencionar os eventos traumáticos de 11 de setembro de 2001 nos EUA, que criaram ondas de impacto por todo o mundo e abriram os olhos de milhões de pessoas para as conseqüências terríveis do terrorismo.

Naquele dia, quase que diante dos olhos atônitos do mundo inteiro, milhares de vidas inocentes foram extintas em um átimo. Estruturas poderosas e altaneiras foram reduzidas a escombros, e milhões de pessoas do mundo todo ficaram perplexas demais, até mesmo para entender as dimensões da tragédia e os desafios que ela trazia para o mundo.

O terrorismo não é algo novo. Já roubou muitas vidas inocentes, e causou imenso sofrimento a muitas famílias em muitas partes do mundo. Levou à destruição de propriedades em grande escala. Tem forçado milhões de pessoas a viver no medo e numa incerteza paralisadora. Seu impacto sobre os inocentes foi indiscriminado. A maioria desses eventos aconteceu em florestas ou cidades distantes do olhar do público.

No dia 11 de setembro de 2001, porém, o terrorismo desafiou o próprio coração do poder. Afrontou a potência militar e econômica mais poderosa do mundo, e mostrou como poderosos e inocentes eram do mesmo modo vulneráveis aos ataques. A mídia tornou o cidadão comum consciente do que pode acontecer a qualquer um, a qualquer família ou nação, a qualquer momento.

Todos querem que essa ameaça cesse ou seja extinta; e todos concordam em que os governos têm a responsabilidade de defender seus cidadãos. Mas como eliminar o terrorismo? A indignação que sentimos é legítima. No entanto, nesta hora de crise, o cidadão precisa ser tranqüilizado de que as medidas que os governos tomarão – e o sofrimento e os sacrifícios delas decorrentes – levarão de fato à eliminação do terror.

Será que o terrorismo pode ser eliminado por meio de ensaios sobre vingança e emulação, e pela melhoria dos instrumentos que os próprios terroristas empregam, massacrando inocentes e transformando moradias em cemitérios? Veremos o fim do terror eliminando os seus líderes? É possível ser seletivo na abordagem do terrorismo, considerando-o admissível quando estão envolvidos nossos interesses – e os de nossos atuais aliados –, e inadmissíveis quando somos o alvo? Será que a vingança e a retaliação eliminarão ou represarão nosso sentimento de injustiça, eliminarão as causas invocadas para justificar o terror? Teremos a responsabilidade de examinar o que lhe dá origem? É possível identificar as causas sem auto-exame e introspecção, sem olhar para dentro, a fim de verificar se alguma atitude ou ação nossa causou ou contribuiu para o senso de injustiça, que hoje está sendo explorado para justificar tais métodos desumanos de luta?

Estamos, portanto, diante de duas tarefas. Uma é detectar e eliminar o senso de injustiça, e a outra é perceber que, se entendemos que meios violentos são admissíveis para obter justiça ou solucionar pendências, estamos inclinados a seguir a lógica da violência. E essa lógica, como dissemos antes, nos levará à guerra e ao terrorismo, que aliás se tornou uma modalidade moderna de guerra.

Não se pode acreditar no emprego da violência, e no entanto escapar às suas conseqüências. Assim, o dia 11 de setembro deve ser visto como a data em que o desafio fundamental que a violência impõe à nossa sobrevivência chegou à humanidade inteira. Se queremos nos salvar, teremos de rejeitar esse estado de coisas e aderir a meios não-violentos. A história já provou a futilidade da violência.

A crise atual provou também que ela é suicida. Chegou, portanto, o tempo de procurar meios não-violentos de resolver conflitos e proteger a nós mesmos. Os anos que se seguiram à Segunda Guerra Mundial presenciaram confrontos armados graves e impiedosos em muitas partes do mundo: Oriente Médio, África, América Latina, Europa e algumas partes da Ásia.

Mas devemos falar um pouco também sobre o outro lado da moeda. O século que passou não viu apenas transformações na natureza da guerra, com a escalada da destruição e sociedades inteiras mergulhadas nas conseqüências desastrosas dos conflitos armados. Viu também uma crescente desilusão com a guerra como meio de resolução de conflitos. Viu o uso em larga escala de lutas não-violentas, das quais grandes massas de seres humanos comuns participaram, numa escala sem precedentes. Elas foram testemunhas do que se pode conseguir por meios não-violentos, quando as massas vão à luta com firme determinação, coragem e disposição para enfrentar as conseqüências da resistência incruenta.

Nas décadas que antecederam o início da Primeira Guerra Mundial, Gandhi inspirou o mundo com seu gênio para organizar e liderar lutas não-violentas. Mostrou o que mesmo massas de analfabetos podiam fazer, se decidissem buscar ou mobilizar seus próprios poderes.

As décadas após a Segunda Guerra Mundial – e também a segunda metade do século 20 – testemunharam muito mais lutas não-violentas, em quase todos os continentes do mundo. As campanhas por direitos civis e contra a discriminação racial na África; nos Estados Unidos, os movimentos contra a guerra do Vietnã; os protestos contra testes atômicos e a implantação de instalações nucleares militares em muitas partes do mundo; a luta popular que derrubou o presidente Marcos, nas Filipinas; os grandes movimentos não-violentos do povo da Lituânia, Letônia, Estônia, Polônia, Checoslováquia e países do Centro e Leste Europeu; a queda do muro de Berlim e a reunificação da Alemanha; a desintegração da União Soviética e a emergência de 15 Estados independentes do Império Russo; os movimentos populares contra a tentativa de golpe na Rússia pós-soviética; a recente e espetacular ação das massas que invadiram as ruas de Belgrado, tomaram o poder e depuseram Milosevic. Todas essas são eloqüentes demonstrações do que o povo pode fazer por meio da ação não-violenta.

Na verdade, é muito difícil resistir à tentação de descrever esses esforços revolucionários, que dependeram de meios não-violentos e tiveram êxito sobre tiranias e ditaduras. Entretanto, pela escassez do tempo, teremos que nos contentar em destacar que eles parecem ter oferecido uma alternativa viável e bem-sucedida a golpes e tentativas cruentas de derrubar os detentores do poder.

As implicações da lógica (ou da ausência de lógica) da violência estão começando a despertar na mente humana. Se não abominarmos a guerra, não poderemos escapar às conseqüências do terrorismo; ou às da corrida armamentista; ou às da teoria do desencorajamento (a política deve ter armas mais para desencorajar o inimigo do que para usá-las); ou à destruição total que as armas nucleares ou biológicas podem causar.

Enquanto os governos adiam o desarmamento e a renúncia total às armas de destruição em massa, os povos de todo o mundo têm-se tornado cada vez mais articulados e ativos, em relação à necessidade de uma vida sem guerras e sem armas nucleares. Parece haver, portanto, uma lacuna entre os povos e os governos, no que diz respeito ao compromisso com os requisitos da paz.

A quem os governos protegem e servem, com sua relutância a renunciar a algo que com certeza trará indescritíveis sofrimentos a pessoas inocentes, e causará destruição indiscriminada? Protegem países, Estados, ou indústrias bélicas, expondo seu povo e territórios à perspectiva de aniquilação? O que podem as organizações e movimentos populares fazer para proteger a humanidade e os ecossistemas das conseqüências dessa falácia de governos e entidades não comprometidos com o povo?

Há um desgosto cada vez maior pela futilidade, alto custo e natureza suicida da violência aberta em situações de conflito. Há também uma crescente consciência de que não se pode eliminar a violência ignorando as culturas de vingança e truculência que criamos e mantemos em nosso sistema. Fechamos os olhos para suas sementes ou causas, mas sabemos que estas fazem parte do sistema que ajudamos a manter com nosso apoio, aquiescência ou omissão.

Nega-se voz aos fracos e pobres. Eles são marginalizados. Os canais que dão apoio a seus sistemas de vida são fechados. Essas pessoas são desenraizadas, exiladas do ambiente que as sustenta, como no caso daquelas que são chamadas de tribos e expostas ao perigo de morte lenta e extinção como grupos distintos.

As elites desenvolveram uma mentalidade e filosofia que justificam a marginalização dos pobres. Criou-se e mantém-se um sistema social, econômico e industrial no qual eles não encontram trabalho, mesmo quando o procuram. Assim, precisam percorrer as ruas à procura de ocupações que possam gerar dinheiro para alimentar, vestir e abrigar suas famílias. Os pobres são invisíveis para a elite e os opulentos. Mas já mostraram – e ainda mostrarão – que não podem ser ignorados sem punição. Eles podem surgir diante dos ricos e seus representantes: do lado de fora das portas da OMC, do Banco Mundial, do FMI – como em Seattle –, em Genebra ou Amsterdã.

Quem pode negar que o atual sistema industrial e econômico é responsável pelo crescente desemprego, pelo fantasma da pobreza e privação, e pelas disparidades dentro dos Estados e entre estes? O sistema atual – que fala de igualdade, mas consagra e promove desigualdades e disparidades – baseia-se na filosofia da competição, da propriedade privada e da herança, e na sacrossanta motivação do lucro.

O direito à herança está entre os muitos fatores que minam o discurso da competição perfeita e das vantagens sociais dela decorrentes.

A propriedade privada e o direito à herança baseiam-se no consentimento social. De um lado vemos pobreza, desigualdade, crescente disparidade e total privação. Do outro, temos um discurso sobre as virtudes da livre competição. Tudo isso pode desencadear uma revisão dos conceitos de propriedade. As pessoas podem começar a se perguntar por que deveriam haver direitos absolutos à propriedade, quando se fala de acesso igual aos recursos. Podem também argumentar que muitos dos recursos criados pelo homem resultam da cooperação, e por isso sua utilização deve constituir uma herança de toda a humanidade.

O século atual poderá, portanto, ver muita reflexão social sobre os limites dos títulos exclusivos à propriedade e à herança. Novos conceitos de propriedade poderão ser considerados, incluindo a cooperativa e a propriedade com prazo determinado de utilização para o interesse público. E os conceitos gandhianos de fiel depositário e simplicidade voluntária poderão ganhar adeptos e alguma aceitação.

A questão da limitação voluntária do consumo também está ligada a estilos de vida sustentáveis. A contenção voluntária da ganância e do consumismo pode ser necessária, se quisermos evitar controles externos autoritários. Ao mesmo tempo, preservaremos e fortaleceremos os laços de coesão social e o conceito de eqüidade.

Um outro grupo de seres humanos, sujeito à discriminação, desigualdade e crueldade em nossos sistemas sociais, compreende a metade ou quase a metade da humanidade. Refiro-me às mulheres. O que dizer sobre senso de justiça ou direitos humanos, numa sociedade em que metade das pessoas é reprimida e explorada pela outra, por causa do sexo com o qual nasceram?

As mulheres têm sido tratadas como seres de segunda classe, postas quase à margem da espécie humana, sujeitadas a várias modalidades, formas e graus de escravidão. Pior ainda: a negação implacável da igualdade básica é muitas vezes justificada pela invocação de disposições divinas, ou noções imaginárias de superioridade biológica.

As próprias mulheres exploradas e escravizadas sofrem lavagem cerebral desde o berço. Tal situação leva-as a acreditar no que os homens descrevem como "inferioridade inerente", e na "necessidade" daí decorrente da dependência masculina.

Como resultado de muitas lutas, vem tornando-se clara a impropriedade e a insustentabilidade dos argumentos "legitimadores" da dominação masculina. Mulheres que ao se verem sozinhas, mostraram que são tão competentes e diligentes quanto os homens em todos os campos.

Gandhi salientava que a glorificação da força física, e a tendência masculina de enxergar as mulheres como objetos de desejo e posse, eram duas das causas fundamentais do mito da inferioridade, disseminado pelos sistemas construídos para obter e perpetuar a dominação masculina.

O mundo de hoje está mais apto a perceber a falta de lógica das idéias de desigualdade. Mas isso ainda não conduziu a uma redução apreciável da exploração, abuso e quase escravidão das mulheres. Muitos ainda não perceberam as enormes mudanças que se seguirão à ascensão delas à merecida igualdade.

Com a plena igualdade, as mulheres podem não querer mais afirmar-se imitando os homens e seus modos e estilos. Não terão reações masculinas às situações sociais, nem seguirão teorias masculinas sobre como resolver problemas.

Nem sempre se percebe que as pessoas do sexo feminino têm um modo e estilo próprios; que elas muitas vezes representam o lado doce, maduro e criativo do ser humano. Seu estilo e reações podem, portanto, contribuir para termos mais cura do que agressão; mais altruísmo que lealdade ao individualismo e egocentrismo; mais reconciliação e síntese do que desentendimentos até o amargo fim.

É certo que neste século a igualdade dos sexos trará grandes diferenças, bem como uma ascendência relativa dos métodos de reconciliação e cooperação sobre as atitudes de confronto e combate. Contudo, como muitos já disseram, a luta pela igualdade dos gêneros não pode ser travada com armas e violência. Meios não-violentos terão de ser empregados, para a produção de uma mudança revolucionária na mentalidade de homens e instituições, e em práticas que têm suas raízes nas idéias insustentáveis de superioridade masculina.

Terão os métodos de Gandhi alguma relevância nessa grande luta, a ser travada em muitas frentes e níveis? O cenário econômico se mostra cheio de desafios. Alguns são graves, a ponto de afetar muitos fatores dos quais depende a sobrevivência da espécie humana. Vejamos, por exemplo, o efeito da atual tecnologia sobre o meio ambiente. Os motivos e meios de produção, as máquinas, os produtos químicos e outros materiais e processos empregados, têm efeitos adversos sobre o ambiente, e alguns deles são irreversíveis. A avidez pelos lucros, o ímpeto de aumentar a produção e ter acesso a recursos naturais, levou à rápida diminuição de bens insubstituíveis.

Isso não acarretou apenas a escassez, mas também a poluição do ar, da água e do solo, e também a perturbação do ritmo das condições climáticas, das quais dependemos para nossa sobrevivência.

Mencionemos agora as idéias de Gandhi sobre trabalho e meio ambiente. Ele acreditava que todos os seres humanos nasceram com o dever de trabalhar. Ao contrário de outros animais, que apenas consomem, o ser humano tem também a habilidade de produzir.

Só produzindo ele pode contribuir para a reposição daquilo que tira do patrimônio geral. Se consumisse sem repor, seria culpado de viver da natureza como um parasita ou predador, ou viver dos frutos do trabalho de outras pessoas, explorando-as. Poderia então ser acusado de furto.

Portanto, todo ser humano deve trabalhar e produzir para pagar seu débito com a sociedade e com a natureza. Sua dívida só pode ser paga pelo trabalho, pela diminuição do consumo e pela ampliação do esforço para repor o que tira do patrimônio comum. A ordem econômica e social, portanto, deve ser tal que permita que ele trabalhe, reponha a sua dívida e proteja o meio ambiente, herança comum e capital de que as futuras gerações precisarão.

As religiões alegam transmitir o conhecimento da realidade e as técnicas para descobrir a verdade mais elevada, que informa e sustém todo o real. Mas seitas religiosas também causaram conflitos. Algumas não vêem com bons olhos a ciência e a pesquisa.

A expansão das fronteiras do conhecimento permitiu à ciência responder a muitas das perguntas que estavam envoltas em mistério e relegadas ao campo da especulação e da fé cega. A ciência afastou a superstição e levantou questões inconvenientes para aqueles que desejam merecer crédito apenas pela fé.

Gandhi definia a religião como a ciência da alma. Sua visão da verdade como Deus, sua percepção de que o lado espiritual da religião era mais importante que seus aspectos rituais, e sua crença nas características positivas de todas as religiões, podem indicar um caminho para a harmonia.

A diferença dos caminhos e métodos da ciência e da religião levou ao ceticismo e ao materialismo, de um lado, e ao fundamentalismo do outro. As forças do fundamentalismo relutam em distinguir entre a esfera da política e o âmbito da autoridade e hierarquia religiosas. Os métodos que o fundamentalismo se inclina a usar estão cheios de conseqüências perigosas: conflitos violentos, ataques a minorias étnicas, militância internacional, atividade belicosa, etc.

A humanidade terá de enfrentar o desafio dos fundamentalismos e encontrar soluções. Neste século, teremos também de descobrir forças espirituais, capazes de temperar ou domar as atitudes materialistas e os valores que privam a vida de seus propósitos e possibilidades mais elevados.

Os resultados espetaculares prometidos pelos propagandistas da moderna tecnologia ainda não se concretizaram. Apesar de décadas de crescimento industrial, e de mais de uma década do advento da globalização, a pobreza e o desemprego não mostraram sinais de diminuir. Continuam ameaçando o mundo. As disparidades não se atenuaram; ao contrário, aumentaram muitas vezes dentro dos países e entre eles. Não quero perder tempo citando estatísticas sobre a pobreza, o desemprego, a privação e as disparidades.

As condições desiguais de comércio também se somam às desigualdades do lucro comercial. Falou-se muito de uma ordem econômica do novo mundo, da remodelação de políticas e instituições para assegurar acordos mais justos para os pobres, vítimas de exploração colonial sutil ou aberta; acordos justos para os países em desenvolvimento, vítimas do colonialismo e do imperialismo. Infelizmente, porém, tais discursos e esforços não produziram frutos.

Por outro lado, a globalização parece estar encostando os países em desenvolvimento contra a parede. A pobreza e o desenvolvimento lento, a necessidade de capital e tecnologia, e as condições impostas pelo Banco Mundial e pelo FMI forçaram muitos deles a aceitar a globalização.

Aos países em desenvolvimento, foi dito que receberiam crédito, ou que atrairiam investimentos estrangeiros apenas se abrissem suas economias e dessem, aos investidores de fora e às corporações multinacionais, os mesmos direitos dos empresários nacionais; afirmou-se que aqueles deveriam poder investir nas áreas da indústria, comércio, bancos e seguros, com liberdade para exportar lucros; sustentou-se que as condições de emprego tinham de ser atraentes e vantajosas para tais investidores e corporações.

Na maioria dos países em desenvolvimento, os governos foram obrigados a concordar com essas condições, que parecem tê-los colocado num impasse: não têm como proteger o empreendedor nacional, nem os trabalhadores, nem os desempregados dentro de suas fronteiras.

Sei que este não é o momento de entrar em discussão sobre os prós e contras, ou sobre as conseqüências da política da globalização e da tecnologia em bases globalizadas. No entanto, sabe-se que o desafio que terá de ser enfrentado é o imposto às economias nacionais e às aspirações locais de pleno emprego e salário adequado para os pobres e desprovidos.

Enquanto o mundo tiver Estados-nação, os governos e sociedades terão a responsabilidade de encontrar soluções para os problemas do desemprego, da pobreza e dos males que advêm da concentração da renda, da propriedade e do controle. Devo terminar agora. Tenho consciência de que não fui capaz de fazer justiça ao tema sobre o qual lhes falei hoje. Há muitos aspectos do pensamento de Gandhi nos quais não pude tocar, apesar de sua relevância para os desafios que enfrentamos nos dias atuais, em especial na área da prática. Mas espero ter conseguido examinar algumas das questões fundamentais de nosso tempo à luz do pensamento e do método gandhianos.

A Paz no Século 21

Conferência no auditório da Petrobras, Rio de Janeiro, em 4 de outubro de 2001. O evento foi promovido pela UNESCO (escritório do Rio de Janeiro), pela organização Viva Rio e pela Associação Palas Athena, como parte das comemorações da 20ª Semana Gandhi.

M uitos crêem que este século acabará sendo crucial para a humanidade. Acreditam que ele poderá determinar se a espécie humana sobreviverá na forma em que a conhecemos hoje, ou se o fará de qualquer maneira.

Os últimos séculos acrescentaram muito ao nosso conhecimento. Desvendamos vários dos mistérios da natureza, e chegamos a muitas técnicas que aumentaram nosso conhecimento e poder. É lugar-comum dizer que esse poder pode ser usado tanto para diminuir ou eliminar o sofrimento quanto para causá-lo. Pode ser utilizado para erradicar a fome e a pobreza, a doença e a ignorância; mas também para levar à aniquilação e disseminar doenças, sofrimentos atrozes e a morte.

Chegamos, portanto, a um ponto em que somos confrontados por algumas questões cruciais: como e para que deve ser usado o poder? A que objetivos ele deve servir? Quem deve escolher esses objetivos? Como irão interpretá-los aqueles que receberem o poder de escolha?

Como poderá a sociedade controlar essas pessoas? De que modo serão tomadas as decisões? Que sanções a sociedade adotará para garantir a observância das decisões tomadas por meio dos métodos aceitos?

Das respostas a estas perguntas depende o futuro da humanidade, e talvez do próprio planeta.

Hoje, não estamos em posição de alegar que fomos sábios, precavidos ou visionários no uso do poder. Permitimos que a ganância e o desejo dominassem, que tomassem as rédeas de nossas mãos. A atividade industrial e econômica está mais motivada pela avidez por lucros, pelo desejo de ampliar o lucro por meio do uso indiscriminado de recursos naturais insubstituíveis, e pela ganância de aumentar nosso quinhão. Assim, negamos aos outros as parcelas a que eles fazem jus como parceiros no processo de produção.

Envenenamos o ar, a água e o solo, dos quais a vida depende. Inventamos maneiras de escapar à responsabilidade pelos nossos atos.

Tudo isso criou ameaças à nossa própria sobrevivência. Causou também conflitos sociais entre grupos e nações. As armas sofisticadas que inventamos tornaram todos os conflitos letais, com conseqüências incalculáveis. Na prática, qualquer embate tem o potencial de desencadear reações que podem causar guerras nas suas vizinhanças, ou mesmo no mundo todo.

A perspectiva da guerra – de uma guerra mundial – se ergue, portentosa, no horizonte. Ou deveríamos dizer que a Terceira Guerra já está aqui? O presidente dos Estados Unidos anunciou que a primeira guerra do século 21 já começou. Preveniu-nos também de que o conflito será longo, muito diferente dos anteriores, com ações em muitos cenários e muitas frentes. Já foi dito que se trata de uma guerra na qual o inimigo é invisível, e talvez tenha de ser eliminado pela destruição de suas prováveis moradas ou santuários. Devemos acrescentar que ele não é apenas invisível; está também disperso em muitos lugares, com inúmeros cúmplices e incentivadores.

Como a humanidade será afetada por uma guerra em que a suspeita e a traição são vistos como justificáveis? Como poderemos nos convencer de que o massacre de inocentes num lugar pode evitar o massacre de inocentes em outro? Como nos convencermos de que aquilo que é condenável, bárbaro e cruel nas ações dos outros poderá tornar-se louvável, necessário e justificável em nossas mãos?

Como acreditar que a vingança, que esse ciclo vicioso de retaliação é o caminho para a paz? Se as armas de destruição em massa – e modos de combate como o terrorismo – são uma ameaça à sobrevivência da humanidade nas mãos de uns, serão um bem nas mãos de outros?

O paradoxo inerente à crença de que a violência pode acabar com a violência, a raiva extinguir a raiva, foi apontado por Buda, quando afirmou que a raiva só pode ser extirpada por seu antídoto, por uma força que possa anulá-la. Nossa experiência deveria nos mostrar que essa não é apenas uma lição de moral: é a luz que surgiu de uma profunda compreensão da natureza e dos caminhos da mente humana. A desconfiança não pode eliminar a desconfiança. A força não pode tomar o lugar da lógica e da persuasão, como meios de descoberta da verdade, ou conciliar interesses ou resolver conflitos, chegando à base das diferentes percepções da verdade ou aos interesses de diferentes grupos. Só os métodos da ciência podem encontrar a verdade. Só a crescente percepção dos paradigmas de interdependência – que condicionam a vida de nossa espécie – pode levar ao abrandamento de exigências, ou à conciliação de posições na aparência conflitantes. Diferentes visões surgem nas mentes dos seres humanos, e é portanto aí que o processo de resolução de conflitos deve acontecer e se desenvolver. Os sentimentos negativos ou positivos, e as emoções que minam a paz ou a harmonia dos relacionamentos, surgem na mente dos seres humanos. É nela, portanto, que devemos desenvolver processos que conduzam à paz e à harmonia.

A percepção dessa verdade fundamental fez os fundadores da UNESCO afirmarem que a guerra começa no espírito dos homens. É dele, pois, que devem ser eliminadas as sementes da guerra e da violência. Tais sementes são facilmente regadas por nossas emoções e percepções egoístas, ou por nosso ego nacional ou grupal.

Com propriedade, o presidente dos Estados Unidos descreveu os acontecimentos do dia 11 de setembro como o mal – o trabalho de forças malignas. Prometeu eliminá-lo. Sua promessa deveria conduzir a uma reflexão global sobre o que se pode fazer para produzir essa eliminação. Uma receita antiga, consagrada pelo tempo, diz que devemos virar o foco da lanterna para dentro, e eliminar dali tudo que promove ou instiga o mal. Gandhi dizia que aquele que não pára de colaborar com o mal a ele se resigna.

O mal se manifesta de duas maneiras. Uma é a criação de condições injustas, repulsivas e inimigas da dignidade humana, da eqüidade e dos direitos de todos os homens, nos quais acreditamos e consagramos na Declaração Universal dos Direitos Humanos.

O outro modo é a produção de condições de privação, necessidade e disparidades perniciosas. Ele provoca descontentamento, desilusão com o sistema, disposição para a revolta e o recurso à violência do desespero. Esse tipo de mal se manifesta nas muitas instituições que governam nossas vidas. Se quisermos eliminá-lo e prevenir sua ampliação sob a forma de violência e guerra, deveremos examinar as nossas instituições, detectar todas as fontes do mal e encontrar formas de sobrepujá-lo por meios não-malignos.

Essa atitude suscita o tema dos meios e dos fins, isto é, questiona se o objetivo de eliminar o mal pode ser alcançado por meios que nós mesmos reconhecemos como malignos. Não podemos mais fugir dessa pergunta. Ela não pode mais ser ignorada, o que costumamos fazer rotulando-a como uma indagação moral, estranha ao contexto dos conflitos sociais ou internacionais.

Ao longo dos séculos, a experiência tem reforçado sempre os mesmos questionamentos: como evitar a guerra; como pôr fim a ela nos lugares em que está sendo travada; como evitar que recomece nos locais em que está latente; como construir os fundamentos da paz.

Não podemos esquecer que estamos tentando evitar não apenas uma guerra mundial, mas também as travadas em áreas delimitadas. Todas elas, e também o terrorismo – que tem sido descrito como uma nova forma de arma – dependem de armamentos de destruição indiscriminada.

A tecnologia transformou a natureza da guerra. Afetou também as estratégias e táticas nela empregadas. Tornou possível que países e grupos usem armas de destruição em massa e portanto indiscriminada. Apagou a diferença entre combatentes e não-combatentes. Tornou todos quase igualmente vulneráveis. Se, como foi dito antes, temos as tarefas gêmeas de evitar a guerra e construir os fundamentos da paz – uma paz que seja evolutiva –, devemos ser realistas e utilizar estratégias de longo prazo, e aderir também a planos que sirvam a nossos propósitos imediatos. Os dois tipos devem ser adotados ao mesmo tempo.

A tarefa de evitar a guerra implicará:
a) detectar as prováveis áreas e causas de conflito;
b) elaborar e seguir meios diplomáticos, por meio do

diálogo, mediação e consultas, o que facilitará o intercâmbio efetivo de opiniões de organizações não-governamentais contrárias à guerra e a favor de soluções pacíficas;

c) fortalecer os processos judiciais internacionais e investir a Corte Internacional de poderes mais eficazes;

d) criar forças internacionais que operem sem preconceitos, sob regras que sejam aceitáveis por todos;

e) manter um grupo internacional disposto a iniciativas não-cruentas, e uma força não-violenta de manutenção da paz;

f) tornar as Nações Unidas e suas agências mais representativas e mais democráticas;

g) fazer uma reforma adequada nos estatutos das Nações Unidas, para assegurar que os poderosos não possam atropelar ou ignorar – por meio de manobras – a visão da maioria, ou do mesmo modo impedir a formação de consensos;

h) adotar medidas eficazes – graduais, se necessário –, para atingir o desarmamento total;

j) descobrir modos não-militares de sanção, que produzam mudança de atitudes e promovam a aceitação de interesses comuns.

É óbvio que será necessário começar com as armas de destruição em massa, fazendo cessar sua produção e armazenamento, destruindo os estoques já existentes e assegurando o descarte seguro de restos tóxicos e perigosos. Será ainda preciso diminuir os arsenais convencionais, e também demarcar zonas de total desarmamento e expandi-las de forma gradual, até cobrir todas as regiões.

É evidente que tais esforços devem ser apoiados por métodos aceitos por todos e sujeitos a inspeções. É impossível fazer uma lista completa dos passos necessários, mas não há dúvidas sobre a direção na qual devemos seguir com rapidez.

Todos esses passos nos permitirão preparar o caminho para uma declaração internacional que repudie a guerra como meio para solucionar conflitos inter e intranacionais, condenando-a como um crime contra a humanidade. Não podemos nos contentar em caracterizar crimes bélicos e descobrir e punir criminosos de guerra: a própria guerra tem de ser caracterizada como um crime contra a humanidade.

Voltemo-nos agora para a tarefa de lançar fundamentos sólidos para a paz, nas mentes e nas instituições e processos sociais. Trata-se de um trabalho de educação e reforma. É uma tarefa que se tornou difícil, em função do modo como temos cultivado, justificado e glorificado certas tendências e instintos. Em alguns casos, são instintos que partilhamos com outras espécies do reino animal.

Todavia, com freqüência ignoramos o fato de que os seres humanos também têm instintos superiores, e demonstraram ser capazes de adquirir controle sobre algumas das facetas instintivas que têm em comum com outros animais. Nosso mundo instintual, e os recursos existentes para o seu controle, devem ser compreendidos no campo das habilidades únicas da espécie humana. As próprias diferenças de opinião e crenças já são resultado do caráter único da nossa mente.

O esforço de promover os instintos superiores, e adquirir controle sobre aquilo que nos puxa para baixo, tem sido feito por muitas instituições. Algumas de nossas reações ou tendências são às vezes descritas como "reações instintivas". No entanto, como dissemos antes, está em nossas mãos refinar nossos impulsos e moderá-los em função da interdependência. Na mesma linha de raciocínio, situa-se a necessidade de reagir diante da consciência dos efeitos prováveis – danosos ou benéficos – de nossas atitudes ou reações.

Contudo, se nos afastarmos um pouco desse momento, veremos como são sutis as nuanças da linguagem que usamos: o tom e as modulações de nossa voz, nossa linguagem corporal, nossas metáforas, os meios que usamos para acalmar as crianças pequenas e assim por diante.

Tudo isso contribui para implantar ou dar suporte não só a reações violentas, à vingança, etc., que levam a expressões de violência e a atitudes de egoísmo, intolerância, agressividade, beligerância, desconfiança; reações que conduzem ao desejo de benefícios às custas dos outros pela competição predatória e assim por diante.

Não podemos construir os fundamentos da paz sem eliminar todas essas atitudes autocultivadas, que levam a posturas anti-sociais, as quais, por sua vez, promovem e justificam ações que crescem em escalada, até chegar à disposição para a violência e a guerra.

Quando falamos em lançar os fundamentos para a paz, ou criar as condições a ela necessárias, referimo-nos à necessidade de compreender os outros; de entender as condições nas quais eles vivem, pensam e reagem; de perceber suas emoções e aspirações, motivações e compulsões; de compreender, enfim, sua natureza e necessidades. Não há dúvida de que para entender os outros é preciso aceitar-lhes os direitos, que são idênticos aos que temos como seres humanos.

Às vezes – talvez muitas vezes –, esquecemo-nos de que há pelo menos dois grupos envolvidos na geração do entendimento do qual dependem a harmonia ou a paz.

Quem é o entendedor? Eu sou aquele que entende e tem por tarefa o entendimento. Por isso, não será necessário que eu também me conheça, isto é, que conheça aquele que pretende ser o conhecedor? Será mesmo suficiente presumir que eu já conheço bem minhas motivações, emoções, natureza, meus fatores de preconceito, ignorância, obsessão, meu ego – enfim, imaginar que já sou conhecedor de tudo o que existe em minha mente ou que nela pode surgir?

Por outro lado, não seria melhor que eu fizesse um esforço concentrado e verdadeiro, no sentido de entender e avaliar com mais profundidade todos os elementos importantes do processo de compreender, os quais afetam as situações, tal como elas se apresentam, ou como podem se apresentar?

Talvez não nos treinemos como deveríamos – nem aos nossos filhos ou alunos –, no sentido de olhar para dentro, com o objetivo de melhorar a compreensão de nós mesmos, dos outros e do mundo. Quando levanto essa questão, algumas pessoas dizem que estou fugindo de minha área para entrar no campo da religião. Entretanto, como é possível compreender os outros sem ter consciência e familiaridade com o instrumento por meio do qual pretendemos compreendê-los? Essa é a lógica que existe por trás do antigo aforismo indiano: "Conhece-te a ti mesmo, para que possas conhecer melhor os outros, a sociedade e o mundo exterior".

É só quando nos conhecemos melhor que entendemos as semelhanças e diferenças que vemos na superfície, bem como a semelhança fundamental a ela subjacente, que brota de nossa natureza comum. E não só a semelhança, mas também a interdependência: aquilo que o budismo chama de interexistência – um conceito que diz que para qualquer coisa existir, é preciso que todas as outras sustentem a sua existência.

Isso não significa que as instituições e as mudanças institucionais não sejam essenciais para lançar os fundamentos da paz. Falo de mudanças de atitude, ou modificações no panorama mental. Refiro-me à aceitação do fato de que estas são essenciais para lançar os fundamentos da paz em nossas mentes e na sociedade.

Em todo o mundo, reconhece-se que o processo educacional necessário para que a mente se torne livre de atitudes prejudiciais ao social e ao pessoal deve começar no berço, ou na mente materna. Ele deve continuar na família, na escola e em todos os grupos e instituições que, de modo muito sutil, formam e apóiam atitudes. Tudo isso, portanto, exige uma reforma revolucionária nos currículos, nos métodos de ensino, nos materiais pedagógicos e em tudo o mais que deve chegar às nossas crianças.

Já realcei a importância da família e da atmosfera, e atitudes pelas quais a criança absorve valores e preconceitos. Hoje, apenas famílias excepcionais podem afirmar que tudo que as crianças vêem, ouvem e respiram na família leva ao fortalecimento da cultura de paz e da não-violência, para a qual a UNESCO nos conclama a dedicar esforços nesta década.

Com efeito, muitas famílias vivem um clima de desintegração, egoísmo, desconfiança, animosidade velada, brigas abertas, violência física, ofensas, provocações e abusos verbais. Muitas se transformaram em famílias de um único progenitor, inadequadas para ensinar à mente de uma criança algo sobre o poder, o valor do amor e a natureza autodestrutiva da violência.

É claro que esse estado em que se encontram inúmeros núcleos familiares tem seu impacto sobre a sociedade, o qual se evidencia nas crianças que crescem nas ruas, privadas do poder civilizatório do amor e do contato humano. A pobreza somou-se à atmosfera pouco propícia de privação e conflito na qual muitas delas crescem.

Portanto, o esforço educacional que fazemos para construir a paz, precisa ser apoiado pela crescente percepção do papel crucial que a estrutura familiar pode desempenhar como instituição. E, é claro, do papel – também vital – que podem desempenhar a diminuição ou a eliminação da pobreza e o oferecimento de oportunidades.

Fiz referência à necessidade de treinar a mente, para que ela se livre dos fatores que levam ao conflito. Aqui se incluem o preconceito, a intolerância, a dificuldade de reconciliação com o diferente, a tendência à evasão das responsabilidades, o esquecimento e assim por diante. De fato, um dos objetivos principais da educação é fazer com que a criança e o adulto tomem consciência da realidade, do significado, das conseqüências e das ramificações da interdependência.

Se a criança estiver sempre consciente da interdependência, suas relações com os outros serão inspiradas pela percepção de como o seu bem-estar e conquistas dependem e estão afinados com o bem-estar e contribuições dos demais. A percepção da interdependência leva também à cooperação.

Muito do que hoje vemos e vivemos mostra o modo como somos interdependentes, a maneira como somos afetados pela ação ou interação dos outros. O meio ambiente e o que nele acontece é um exemplo nítido dessa verdade, para citar apenas um. Mas há muitas outras conseqüências da tecnologia, da ação da mídia, da explosão da informação, etc., que podem levar a uma percepção ampliada de nossa interdependência.

Nosso mundo é o reino da diversidade. Em muitos países, há pessoas que vêm de vertentes culturais, religiosas e étnicas diferentes e vivem juntas. A história, a geografia, o movimento de povos ao longo das eras, as facilidades atuais para atravessar o que antes pareciam áreas inóspitas e intransponíveis – tudo isso resultou na criação de sociedades compostas, que têm muito em comum e no entanto são diferentes em vários aspectos.

Qual é a saída? O oceano da humanidade é composto de muitas vertentes, que comportam muitos afluentes. Será possível fazer com que esses afluentes voltem para suas vertentes?

Haverá diferentes abordagens para essa questão, desde que os seres humanos usem suas mentes, que foram moldadas e herdadas de afluentes diversos. A resposta não está em eliminar as diferenças e fechar-se em compartimentos herméticos; ela consiste em descobrirmos o que nos une. Os diversos preconceitos – e sentimentos obsessivos de divisão – não conseguem ajudar a humanidade a viver num presente no qual a tecnologia encurtou distâncias e aproximou a todos.

Tudo isso nos leva a perguntas cruciais: queremos que a humanidade e a própria Terra sobrevivam e prosperem? Pode o ser humano individual sobreviver e prosperar se a espécie estiver ameaçada? Com a capacidade atual de guerra e violência, a poluição ambiental e a escassez de recursos insubstituíveis, podemos ter esperança de sobreviver, se nos permitirmos ser empurrados para a guerra? Poderemos sobreviver fora de um ambiente de paz e harmonia?

Se percebemos que a paz é um requisito essencial para a sobrevivência, devemos respirá-la, vivê-la, irradiá-la. Não tenho dúvida de que o século 21 nos levará a compreender essa verdade, e talvez nos habilite a gerar a força necessária para viver à sua luz. Aqui, os governos e suas instituições têm um importante papel a cumprir.

No entanto, a tarefa colossal de construir a paz não pode ser completada sem um compromisso proporcional. Não pode ser conseguida por meio de ritos de tributo ao pacifismo. Obteremos sucesso e resultados apenas se trabalharmos com a consciência de que nossa sobrevivência depende da paz, do sentimento de que o caminho para ela passa por um compromisso consciente – em pensamento e ação – com a não-violência, e pela busca de nossos interesses pessoais, bem como dos sociais e globais.

Teremos sucesso, de fato, se percebermos que apenas a não-violência e o amor têm o poder de unir, de nos manter juntos, para que possamos viver e prosperar em comum. Nosso compromisso com a não-violência e com o amor é também o compromisso com nossa sobrevivência como indivíduos e como espécie única, nos degraus mais altos da escala evolutiva.

Ravindra Varma

É Presidente da Gandhi Peace Foundation, Presidente do National Committee on Labour da Índia. É também Presidente da National Comission on Labour da Trustee Foundation for Universal Responsibility of His Holiness the Dalai Lama.

Nasceu em Mavelikara, em 18 de abril de 1925. Estudou no Maharaja's College of Arts, Trivandrum, e no Christian College em Madras. Já formado, trabalhou como agente social e ativista político associado ao Congresso, tomando parte na luta pela independência da Índia. Dirigiu o All India Underground Movement pela restauração da democracia, tendo viajado por toda a Índia criando células clandestinas de resistência e organizado o All India Satyagraha Movement. Foi preso em Bombaim em fevereiro de 1976 e solto em fevereiro de 1977.

Ocupou vários cargos oficiais, foi secretário da Gandhi Vichar Parishad, Vardha e Delhi, fundada pelo Sarva Seva Sangh e discípulos de Gandhi visando a pesquisa, estudo e publicação de sua filosofia, bem como das implicações econômicas e sociológicas.

Foi conferencista em várias universidades dos Estados Unidos e participou de inúmeros seminários e conferências da Organização das Nações Unidas nas áreas: Educacional, Científica e Cultural; Alimentos e Agricultura; Internacional do Trabalho; e outras Agências das Nações Unidas.

Outras obras da editora

Aceitação de si mesmo e As idades da vida, A	Romano Guardini
Anais de um simpósio imaginário	Beto Hoisel
Animais e a psique, Os	Denise Ramos, et al.
Árvore do conhecimento - as bases biológicas da compreensão humana, A	Humberto Maturana e Francisco J. Varela
Ariano Suassuna - O cabreiro tresmalhado	Mª Aparecida L. Nogueira
Autobiografia – Minha Vida e minhas experiências com a verdade	Mohandas K. Gandhi
Butoh, dança veredas d'alma	Maura Baiocchi
Carta a um amigo	Nagarjuna
Conquista psicológica do mal, A	Heinrich Zimmer
Coração da filosofia, O	Jacob Needleman
Cultivando a mente de amor	Thich Nhat Hanh
Deuses do México indígena	Eduardo Natalino dos Santos
Ética, solidariedade e complexidade	Edgar Morin, et al.
Falsafa: a filosofia entre os árabes	Miguel Attie Filho
Filosofias da Índia	Heinrich Zimmer
Forjadores espirituais da história	Ignacio da Silva Telles
Grinalda preciosa, A	Nagarjuna
Livro tibetano do viver e do morrer, O	Sogyal Rinpoche
Máscaras de Deus, As mitologia primitiva – vol. 1 mitologia oriental – vol. 2	Joseph Campbell
Mente zen, mente de principiante	Shunryu Suzuki
Minha terra e meu povo	Tenzin Gyatso, XIV Dalai Lama
Mitos e símbolos na arte e civilização da Índia	Heinrich Zimmer
Muito Prazer, São Paulo! - Guia de museus e instituições culturais de São Paulo	Simona Misan e Thereza C. Vasques
Paixões do ego – complexidade, política e solidariedade, As	Humberto Mariotti
Poder do mito, O	Joseph Campbell e Bill Moyers
Roca e o calmo pensar, A	Mahatma Gandhi
San Juan de la Cruz, o poeta de Deus	Patrício Sciadini, OCD
Soluções de palhaços	Morgana Masetti
Transdisciplinaridade	Ubiratan D'Ambrosio
Vestígios – escritos de filosofia e crítica social	Olgária Matos
Yoga – imortalidade e liberdade	Mircea Eliade
THOT	Publicação de ensaios

Co-edição – Palas Athena/EDUSP:
Diálogos dos mortos, Luciano — Henrique Murachco

Prezado leitor da obra
Gandhi : Poder, Parceria e Resistência

Para que possamos mantê-lo informado sobre as novidades editoriais e as atividades culturais da Associação Palas Athena, solicitamos o preenchimento dos campos abaixo, remetendo o cupom para a Editora Palas Athena, Rua Serra de Paracaina, 240 - São Paulo, SP - CEP 01522-020 ou pelo FAX (11) 3277.8137.

Nome ....
Profissão ....
Endereço ....
Cidade .... Estado ....
CEP .... Fone ( ) ....
Fax ( ) .... Celular ....
E-Mail ....

Áreas de interesse:

❑ Mitologia   ❑ Filosofia   ❑ Religiões
❑ Antropologia   ❑ Educação   ❑ Psicologia
❑ Outras áreas:

Acabou-se de imprimir
no inverno do ano 2002
nas oficinas da Gráfica Palas Athena.